AF321277

RÈGLES
DE DROIT DU COMMERCE
MAROCAIN

PAR

M. LE Dr. CHARLES STEINFÜHRER

ÉLÈVE DROGMAN À LA LÉGATION IMPÉRIALE ALLEMANDE
À TANGER

TRADUITES

PAR

M. ROBINET DE CLÉRY

ANCIEN PROCUREUR IMPÉRIAL À ORAN, ANCIEN AVOCAT-
GÉNÉRAL À LA COUR DE CASSATION

PARIS

LIBRAIRIE GÉNÉRALE DE DROIT ET DE JURISPRUDENCE

Ancienne Librairie Chevalier-Marescq et Cie et ancienne Librairie F. Pichon réunies.

F. PICHON ET DURAND-AUZIAS, ADMINISTRATEURS.

Librairie du Conseil d'État et de la Société de Législation comparée.

20, RUE SOUFFLOT, 20

Préface de l'auteur.[1]

Le présent exposé a pour objet de faire connaître, tant aux juristes qu'aux négociants, qui, ignorant les affaires marocaines, désirent se rendre compte du droit commercial du Maghreb, les traits principaux de règles de droit souvent décevantes et qu'il est impossible d'envisager dans leur ensemble. Je m'efforcerai donc de les formuler, autant que possible, telles que, dans la pratique, elles sont connues de tout le monde dans le pays. A cet effet, j'ai interrogé sur les points essentiels des commerçants, des juristes, des hommes politiques de toutes les nationalités, et ces investigations ont abouti à l'élimination d'une quantité considérable de matériaux d'abord rassemblés par moi, mais qu'il m'a fallu ensuite rejeter comme sujets à caution ou contestés.

Introduction historique.

Le droit musulman n'est pas favorable au développement d'une législation commerciale spéciale.

Spécialement, au Maroc, l'état économique et politique du pays ne crée pas un besoin pressant d'un droit commercial national. Le commerce du pays se meut dans d'étroites limites à cause de la prédominance de l'exploitation des richesses naturelles du sol et du développement insuffisant des voies de communication. Le commerce maritime est exclusivement entre les mains des étrangers.

Les Européens avaient au moyen âge le droit de faire le commerce au Maroc et ce droit leur est resté jusqu'aux temps présents, car les Marocains, vu leur peu d'habilité technique, n'ont pas pu se passer longtemps de l'importation de certaines marchandises.

A cause des difficultés matérielles les étrangers se bornèrent surtout ensuite à rester dans les ports, et, jusqu'aujourd'hui, le commerce étranger s'étendit peu au delà de la zône de protection d'un mille qui entoure les villes de la côte, et n'a pris un pied solide dans l'intérieur qu'à Fez et à Marrakech, les capitales du pays.

Si étroitement rassemblés par l'espace, les Européens vivaient dans une communauté juridique spéciale. De tout temps, le gouvernement marocain reconnaissait que les commerçants étrangers se trouvaient sous la juridiction de leurs consuls et vivaient sous l'empire de leur droit national. Cette situation juridique fut déjà fermement établie au début du moyen âge par des traités et des priviléges. En ce qui touche celle qui est aujourd'hui en vigueur, le traité général et de commerce anglo-marocain en date du 9 décembre 1856, offre une importance fondamentale.

Les très nombreux Juifs, dont l'importance est surtout considérable comme intermédiaires entre les importateurs étrangers et les consommateurs indigènes,

[1]) Cette étude a été écrite vers 1906. Le lecteur fera lui-même le départ de ce qui a été modifié par suite du nouveau régime du pays où prédomine, en vertu d'un décret français de 1913 un système judiciaire ayant à sa tête la Cour d'Appel de Rabat. (Cf. note *in fine.*) La refonte actuelle de la législation ne se trouvait pas assez avancée au moment de la publication de cet ouvrage pour y figurer utilement.

s'appuyaient toujours, dans leurs relations juridiques, sur le droit mosaïque et amenaient autant que possible leurs contestations judiciaires devant le rabbin. Ainsi, par exemple, aujourd'hui encore, dans les grandes sociétés commerciales juives, les contestations entre israélites sont jugées par le rabbin. Les fonctionnaires indigènes ont reconnu ces efforts dans une très large mesure bien qu'ils n'aient jamais reconnu qu'un musulman eût à comparaître devant le tribunal du rabbin. Cette juridiction exceptionnelle judaïque fut cause qu'un facteur de très grande importance pour la formation d'un droit commercial marocain, fit défaut.

Dans le commerce d'exportation, des efforts considérables furent faits depuis longtemps pour soustraire, autant que possible, au pouvoir des fonctionnaires marocains les intermédiaires entre l'exportateur européen et le producteur. Au 19e siècle, ce développement fit de rapides progrès, et sa conclusion fut que les *semsare* (Courtiers), se mirent tout-à-fait sous la juridiction européenne, et qu'ils s'approchèrent lentement du droit sous lequel vivait le commerçant étranger dans l'intérêt duquel ils agissaient. Le gouvernement marocain reconnut pour la première fois expressément ce principe en 1863 dans plusieurs conventions, notamment avec la France. Pour concilier des désaccords sur la mise en pratique du droit de protection, une conférence internationale se réunit à Madrid au cours de l'année 1880, elle aboutit à l'adoption par tous les intéressés de la convention sur le droit de protection au Maroc en date du 3 juillet 1880.

La conférence d'Algésiras, qui promettait d'être si importante indirectement pour le développement du droit marocain, n'a en substance apporté aucun changement en ce qui concerne le droit commercial.

A travers tout ce développement, apparaît clairement une tendance à soustraire autant que possible le commerce à la juridiction indigène, et à lui appliquer le droit étranger, le législateur du pays s'étant montré incapable de créer des institutions spéciales au droit commercial.

Ces efforts ont abouti à ce que, dès à présent, il est de règle que le commerçant est soustrait à la juridiction marocaine.

Cette procédure ne put s'implanter qu'à la faveur du peu d'importance du commerce marocain.

Ce n'est, en effet, que dans ces derniers temps, que le trafic extérieur du pays a atteint la valeur de cent millions de francs, après avoir, pendant une dixaine d'années, flotté autour de soixante millions.

Lorsque le droit marocain du *chéra*[1] exerce une influence quelconque sur le négoce, il ne peut y jouer d'autre rôle que celui d'un élément de trouble, qui, du reste, peut à peine résister au développement économique du Maghreb: c'est ainsi, en effet, que l'on tourne chaque jour l'interdiction de prêter à intérêts, ou de vendre du vin et de la viande de porc, quand même on ne saute pas délibérément par dessus ces défenses.

D'ailleurs, même dans ces derniers temps, le Maroc s'est aussi peu soucié d'édicter un Code de Commerce que tout autre Code.

---

[1] *Chéra*, droit ecclésiastique musulman (N. du Traducteur).

Procédure.

Au Maroc, c'est le principe de la Juridiction Consulaire qui constitue le droit des étrangers: chacun est jugé par son consul suivant sa propre législation. Il va, du reste, de soi que, notamment dans les plus petites affaires, les règles de procédure ne s'appliquent que sous le bénéfice des modifications exigées par les circonstances. Il n'y a, en effet, dans le pays pas de représentants judiciaires, tels que les avocats ou les procureurs de quelque nom qu'on les nomme, et le personnel auxiliaire de la justice (greffiers, huissiers) y fait totalement défaut. La loi de l'Empire allemand, sur la juridiction consulaire, en date du 7 avril 1900, a, du reste, pourvu à cette situation.

Il existe des tribunaux consulaires espagnols dans presque toutes les places ouvertes au commerce étranger, mais ce n'est que dans les deux ou trois plus importantes que l'on en trouve de français, d'anglais et d'allemands. Les autres puissances représentées au Maroc n'ont de juridiction consulaire qu'à Tanger, auprès de leur légation.

Ces tribunaux connaissent naturellement des différends qui s'élèvent entre leurs nationaux, mais il convient toutefois de remarquer que les Juifs, même quand ils sont protégés d'une puissance, portent devant le rabbin les contestations qu'ils ont avec leurs propres coreligionnaires, et négligent la juridiction consulaire qui serait compétente.

Entre nationaux de différents États, le procès se déroule, suivant l'usage *actor sequitur forum rei*, devant la justice consulaire du défendeur.

Conformément à cette règle, le Marocain doit porter sa réclamation contre un étranger devant la juridiction consulaire de celui-ci. Quiconque veut introduire une action contre le sujet d'un État étranger, doit présenter au tribunal compétent un écrit introductif d'instance signé de son consul. Le Marocain assigne par un message verbal du gouverneur de la ville (*Pacha*) ou du *Kabile*, s'il habite la campagne.

D'après ce principe général, un étranger qui veut intenter un procès à un sujet de l'État marocain, doit le faire devant le juge marocain, le cadi. Cette voie, quoique prévue par les traités, ne sera presque jamais suivie. Il est bien plus de règle de rechercher la juridiction consulaire, souvent aussi la voie diplomatique, pour inviter les fonctionnaires de l'administration marocaine à exhorter le débiteur à donner satisfaction à la réclamation.

Le gouverneur de la ville ou du Kabyle trouve-t-il, après un examen, le plus souvent très sommaire, la réclamation de l'étranger fondée, il contraint le Marocain à donner satisfaction au créancier. Le débiteur s'y refuse-t-il, il est dans la règle arrêté et jeté en prison, où il reste aussi longtemps que lui ou sa famille ne se sont pas acquittés.

Si le débiteur emprisonné n'est pas en état de se libérer ainsi, il arrive qu'après un certain temps, il en appelle à la justice ordinaire en disant qu'il veut «faire *chéra*» devant le cadi; il établira ainsi par les voies légales l'impossibilité où il est de payer. S'il y parvient, il doit être mis en liberté.

Le cadi intervient encore dans les procès qui mettent en jeu une question de propriété immobilière. D'après l'art. 11 de la Convention de Madrid, toutes les contestations sur des immeubles appartiennent au juge indigène (*forum rei sitæ*). C'est sur ce principe que les fonctionnaires marocains fondent leur thèse, que tous les droits et actions ayant pour objet une exécution sur des biens immeubles relèvent du *chéra*. Enfin, sur la demande d'une partie, le gouverneur peut déférer l'affaire au cadi, lorsqu'elle présente des difficultés juridiques.

Pour qu'un jugement rendu selon le *chéra* contre un étranger puisse devenir exécutoire en ce qui le concerne, il est nécessaire, qu'avant le commencement du procès, celui-ci se soit soumis au juge marocain par un écrit signé devant l'*adul*.

En dehors de ces cas et de quelques difficultés fort rares en matière commerciale, telles que celles qui touchent au droit de famille, à l'héritage et aux esclaves, il n'arrive presque jamais que l'étranger ait à poursuivre un marocain devant le cadi. Au surplus, l'essence religieuse du droit du *chéra* est cause que les fonctionnaires indigènes eux-mêmes n'ont aucune tendance à étendre, en ces matières, la compétence du cadi.

A Tanger, la coutume spéciale s'est implantée non seulement de ne pas faire recouvrer par le gouverneur les créances contre les Marocains, mais de recourir, dans la plupart des cas, au représentant du Sultan, le *naib*, quoique les attributions proprement dites de ce fonctionnaire aient un autre objet.

Les actions ayant une origine commerciale seront réglées de même de la manière qui vient d'être indiquée. Cependant, si, dans une contestation où le droit commercial joue un rôle, le débiteur, sujet marocain, conteste la réclamation, la décision intervient presque toujours par voie d'arbitrage. Il est d'usage que les deux parties se rendent devant le Gouverneur, à Tanger le plus souvent devant le représentant du Sultan. Celui-ci nomme un arbitre pour le Marocain, le plus souvent, sur la proposition de ce dernier; le plaignant étranger en nomme un second. Ces *bitros* sont, à Tanger, à cause de la grande influence des Européens et du petit nombre des grands commerçants indigènes, généralement des étrangers pour les deux parties; dans la plupart des autres ports, l'arbitre du Marocain est un Marocain, celui de l'étranger le plus souvent un étranger. Au contraire, à Fez et à Marrakesch, pour que l'arbitrage soit valable et reconnu par les fonctionnaires du pays, les deux arbitres doivent être Marocains.

Pour les cas importants et difficiles, dans beaucoup de localités, les parties nomment au lieu d'un, deux, trois ou quatre arbitres.

Si les bitros ne peuvent s'accorder, ils choisissent, en règle générale, un surarbitre, dont la voix les départage. Toute le procédure, qui vaut comme procédure judiciaire, se rattache à la *preuve devant experts*, telle qu'elle est réglée par le droit du *chéra*.

A tout prendre, les résultats pratiques du système qui vient d'être exposé en ce qui touche les poursuites contre les indigènes, sont tout-à-fait satisfaisants. Notamment l'application sévère de l'arrestation pour dettes offre une garantie relativement sérieuse au créancier étranger, car le Marocain, quoique souvent un peu tard, finit presque toujours par payer.

Un Marocain qui veut poursuivre une demande contre un Marocain au sujet d'une affaire de commerce, s'adresse en général à l'autorité administrative, le plus souvent après avoir invité verbalement son adversaire à comparaître devant elle, et le défendeur s'y rend en effet par crainte du fonctionnaire.

Après l'exposé des parties, le fonctionnaire administratif (le Gouverneur ou son représentant — le kalifa) juge lui-même si l'affaire est simple. Dans les cas où un examen spécial est nécessaire, il charge certaines personnes expertes en la matière, au nombre de deux à cinq, de l'instruction et de la solution du litige. Ce sont, pour les règlements de comptes des notaires, pour les questions de commerce, notamment pour l'application des usages, et pour les questions d'agriculture, des experts désignés une fois pour toutes, et, pour les affaires immobilières, des maçons ou des courtiers en immeubles.

Les jugements qu'ils rendent après des investigations approfondies avec l'unique souci de l'équité, ont plutôt le caractère d'un accommodement par contrainte que celui d'un véritable jugement.

Cette procédure n'a pas la même valeur qu'une instance régulière, car les parties sont recevables, — et il n'est pas rare qu'elles recourent à ce moyen, — à déposer, à un moment quelconque du débat, des conclusions tendant à déférer la cause au juge ecclésiastique, qui est le cadi. Pourtant, en matière commerciale, il n'arrive presque jamais que l'on s'engage dans cette voie. — Sur la procédure devant le cadi, cf. le traité de M. Philippe Vassel, Consul allemand à Fez, *De la Procédure Marocaine* (*Über marokkanische Prozeßpraxis*), dans les *Communications du Séminaire pour les langues orientales de Berlin*, Vème année, page 170.

Sphère d'application du droit étranger.

Le commerce du Maroc s'exerce dans sa plus grande partie sous l'empire non du droit marocain, mais du droit étranger.

Non seulement parce que la plupart des gros commerçants sont des étrangers, et demeurent sous leurs lois propres, mais aussi parce que les sujets marocains vivent sous l'empire du droit étranger, un grand nombre de négociants, et justement les plus importants de ceux qui exercent un commerce indépendant, et des intermédiaires commerciaux (*semsare* ou en partie, *mochalate*) se sont placés tout-à-fait sous la protection d'une législation commerciale étrangère.

Vu le peu d'aptitude que montre la loi indigène à faire équitablement droit aux besoins du commerce, il est donc de la plus grande importance de bien déterminer les limites dans lesquelles le commerçant est soustrait au droit marocain.

I. Commerçants étrangers.

Pour le commerçant étranger, c'est-à-dire pour le sujet d'un État étranger, le principe de la personnalité des lois est rigoureusement en vigueur au Maroc.

Il sera jugé par son propre juge, le consul, d'après son droit national. Ce droit seul peut lui être appliqué. Le droit indigène (*le Koran*) et le droit coutumier ne lui sont même pas appliqués quand bien même on considérerait comme une sorte de droit indigène les principes découlant des conditions spéciales de l'existence dans le pays, lesquelles paraîtraient de prime abord évidentes à tout observateur raisonnable.

Comme des sujets de tous les grands États font côte à côte le commerce au Maroc et que tous y apportent leur droit propre, il n'a pu se former un droit coutumier applicable à l'ensemble des étrangers, et cela d'autant moins que presque chaque nation exporte ou importe une espèce spéciale de marchandises.

Un droit coutumier peut à peine naître devant chaque juridiction consulaire à cause du nombre extrêmement réduit des procès commerciaux sur lesquels cette juridiction a à statuer, et du fréquent changement de ses fonctionnaires judiciaires.

De plus, les usages commerciaux des différents peuples sont très divisés dans différents ports et le petit nombre des commerçants amoindrit énormément leur importance.

II. Le semsar.[1]

Quoique sujet marocain, le *semsar* est presque entièrement soustrait au droit indigène. Il vit suivant le droit du commerçant avec lequel il est entré en relations de courtage et, en particulier, le droit étranger s'applique contre lui.

---

[1] On reconnaîtra dans ce mot le vocable sensal, courtier, que les peuples occidentaux en ont tiré (N. du Traducteur).

Dans la pratique, ce système doit subir certaines restrictions, notamment lorsque le droit étranger suppose des relations d'affaires inconnues dans le pays. Ainsi, par exemple, les dispositions sur la tenue de livres commerciaux ne peuvent être appliquées généralement, car la plupart des courtiers ne sont pas du tout en état de tenir des livres.

Le mot *semsar* signifie originairement courtier: à une époque récente, — il y a quelques dixaines d'années, — l'activité des commerçants étrangers se restreignit au marché du port de leur résidence. Les courtiers négociaient l'achat des marchandises apportées de l'intérieur par des caravanes, et le marchand étranger pouvait à peine faire une affaire sans recourir à leur intermédiaire: il s'efforçait donc de les soustraire à l'arbitraire de l'autorité marocaine, d'autant plus que chaque maison avait son courtier déterminé.

Plus tard le marchand envoyait ses *Semsars* pourvus d'argent comptant sur les marchés de l'intérieur pour en acheter les produits: le courtier devint ainsi un commissionnaire d'achats.

Mais aujourd'hui, dans la plupart des cas, les relations de courtage du commerçant étranger avec le *semsar* n'ont d'autre but que de procurer à un trafiquant marocain ayant un négoce indépendant, et qui peut être, soit un marchand, soit un propriétaire foncier, soit un personnage influent à tout autre titre, les avantages de la protection étrangère, sans que ce prétendu *semsar* fasse en rien acte de courtier ou d'acheteur pour le prétendu commettant.

Le *semsar* n'est donc plus, en général ni courtier ni commissionnaire, mais une sorte d'allié commercial.

Tout marchand étranger ayant au Maroc un établissement et y faisant des affaires en gros, doit prendre des *semsars;* toutefois depuis l'année 1863, leur nombre ne peut être supérieur à deux. Cette limitation s'explique d'abord par la tendance du gouvernement indigène à limiter autant que possible le droit de protection, et, en second lieu, par le faible développement économique des ports, où deux courtiers doivent suffire à la rigueur.

Chaque maison a le droit de prendre deux *semsars* pour chacun de ses établissements dans chaque ville du Maroc, mais cependant il n'est pas exigé que ces intermédiaires demeurent au siége même de l'établissement.

Lors de la notification d'un nouveau *Semsar* par un marchand, la légation de celui-ci à Tanger vérifie le point de savoir s'il se trouve dans les conditions ci-dessus. Mais il faut dire que les qualités de *négociant* et de *négociant en gros* et la définition de ce qu'est un *établissement*, reçoivent une interprétation plus ou moins rigoureuse dans les différentes légations. Au commencement de chaque année, chacune d'elles remet au représentant du Sultan à Tanger la liste des personnes qui se trouvent ainsi protégées du fait de l'emploi fait d'elles par ses nationaux. Cette déclaration est notifiée aux *semsars* portés sur la liste par la remise d'un *certificat de protection.*

Certaines personnes ne doivent pas être admises comme protégés: tels sont les fonctionnaires du gouvernement, dans le sens le plus large en y comprenant les plus chétifs et même jusqu'aux simples soldats, et les personnes sous le coup d'une poursuite: mais c'est-là une notion qui, dans la pratique, est tantôt étroitement, tantôt largement appliquée.

La protection n'est pas héréditaire; elle peut être supprimée en tout temps par un acte unilatéral (événement qui cependant passe pour inouï), mais elle s'étend à la famille du *semsar*, vivant avec lui.

Ces restrictions firent naître un pressant besoin de compléter ce système par une protection d'ordre inférieur. On employa pour cela les *mochalata.*

III. Le mochalat.

On aurait voulu en 1880, lors de la Conférence de Madrid, soustraire le *semsar* seul à l'autorité des fonctionnaires indigènes dans l'intérêt du marchand étranger. Toutefois, il était pratiquement périlleux d'abandonner tout-à-fait les intermédiaires et les auxiliaires du commerce étranger à l'arbitraire des fonctionnaires marocains, ce qui eût donné à ceux-ci contre les étrangers une arme dont il était facile d'abuser. Cependant l'art. 9 de la Convention de Madrid décida:

«Les serviteurs, fermiers et autres préposés indigènes des secrétaires et interprètes indigènes, ne jouissent pas de la protection étrangère, non plus que les préposés ou serviteurs marocains des sujets étrangers.

«Mais les autorités locales n'ont pas le droit d'arrêter un préposé ou serviteur au service d'une légation ou d'un consulat ou des sujets étrangers ou leurs protégés sans en avoir auparavant avisé l'autorité dont dépend l'intéressé.»

Cette disposition fut de très grande importance pour le commerce étranger d'exportation, car la plus grande partie des personnes qu'intéresse la protection de l'art. 9 sont des cultivateurs indigènes et encore ceux qui vendent d'une manière permanente leurs produits à de certaines maisons d'exportation.

Il était depuis longtemps d'usage au Maroc que le commerçant des villes remettait à un cultivateur — son *mochalat* c'est-à-dire son client — du blé à ensemencer et du bétail, ou mettait à sa disposition pour les fonds nécessaires à l'achat de ces objets. Le marchand recevait à titre d'intérêts après la récolte une quote part du profit net. Le remboursement, c'est-à-dire la restitution du capital, n'avait lieu souvent qu'après des années à la suite de plusieurs ensemencements et récoltes.

Ce genre d'arrangement tient à la fois de la société et du prêt. En général, cette forme de contrat correspond au colonage partiaire de l'ancien droit français.

L'importance de l'obligation, imposée aux fonctionnaires marocains par l'art. 9 de la Convention de Madrid, de notifier au préalable l'arrestation des *mochalat*, est évidente. Ces individus se trouvent ainsi soustraits à l'arbitraire indigène, à la confiscation des biens qui accompagne ordinairement l'arrestation, et à la ruine de leur établissement, suite logique d'une détention prolongée, qui met en péril les avances du prêteur européen.

En pratique, il s'est également révélé comme avantageux pour les représentants des gouvernements étrangers et pour les autorités indigènes, de remettre au *mochalat* un certificat écrit de ses relations avec un négociant étranger, et de faire notifier annuellement par les légations des listes de *mochalat* analogues aux listes de *semsare*.

Aussi la situation des *mochalata* se rapproche-t-elle dans son essence de celle des *semsars*, et leur vaut une certaine protection. Le gouverneur sait-il qu'un homme est *mochalat*, il se décide plus difficilement à ordonner son arrestation parce qu'il craint les réclamations du commerçant étranger. Ensuite, l'obligation de notification préalable éveille une tendance au contrôle de la part du consul auquel cette notification doit être faite. Finalement, l'arrestation elle-même sera vaine dans bien des cas, si elle est annoncée d'avance, car le *mochalat* a la possibilité d'échapper à temps à l'arrestation par la fuite.

Mais l'arrestation est, depuis les temps les plus anciens, le plus important moyen de menace et de contrainte de l'autorité marocaine, et elle est pour l'homme du peuple la démonstration la plus visible de la puissance gouvernementale. Celui vis-à-vis duquel les mains de l'autorité sont liées de la sorte, n'est plus considéré comme un sujet marocain, mais bien protégé comme un étranger. Cette opinion tire son origine de ce qu'il ne pouvait échapper aux Marocains que, grâce à l'influence prépondérante qu'il était à même d'exercer sur les arrestations, le consul disposait également du pouvoir de contrôler jusqu'à un certain point les causes de ces arrestations, ce qui lui faisait en quelque mesure jouer le rôle d'une autorité judiciaire.

En fait il lui arrive souvent d'intervenir comme juge au sujet du *mochalat*, et notamment les difficultés entre le commerçant et son *mochalat* seront naturellement portées devant lui. De plus il se produit une tendance marquée à faire appel au consul comme juge, lorsque le *mochalat* se trouve en conflit avec un ressortissant d'une autre puissance étrangère.

Dans certains consulats s'est introduite la coutume, quand une intervention directe du consul est impraticable, de donner un délai au commerçant pour le règlement de ses affaires et pour l'arrêté de son compte avec le *mochalat*. A l'expiration de ce délai, il n'existe plus de protection entre le Marocain et l'autorité dont il relève.

Les traités n'ont apporté aucune limitation au nombre des *mochalata*. La légation allemande a cependant posé le principe qu'une maison allemande ne doit pas accréditer dans une année plus de cinq *mochalata* nouveaux sans raison extraordinaire, et que le nombre des *mochalata* doit rester en rapport avec l'importance de l'entreprise.

Au point de vue économique, l'existence des *mochalata* est de la plus haute importance; elle constitue non seulement pour le commerçant étranger une cause de gain par la part qu'il prend à l'entreprise d'agriculture du *mochalat*, mais en outre, il lui assure la livraison des produits de la terre à exporter, et lui crée aussi une influence étendue sur la production elle-même, de telle sorte que déjà il peut en faire état au moment de la réception de ses commandes. C'est notamment de cette manière que la culture de la graine de lin a pu être introduite au Maroc.

Il faut considérer comme un abus la coutume, qui s'est considérablement répandue depuis quelque temps et en vertu de laquelle le marchand se fait payer directement ou indirectement par le *mochalat*, notamment par des travaux gratuits et par la livraison de marchandises au dessous du prix du marché.

Le nombre des *mochalata* est un facteur important dans la concurrence, et il apparaît clairement qu'une maison de commerce ancienne jouit d'un grand avantage sur une autre nouvellement fondée, si elle possède un effectif de *mochalata* considérable et bien organisé, qu'elle aura réuni au cours des années. Certaines entreprises commerciales patronnent jusqu'à cent et deux cents *mochalata*.

Coutumes commerciales du Maroc.

La notion du commerçant n'est pas bien établie en droit marocain suivant des indices fixes. Il n'y a au Maroc aucune de ces guildes ou corporations de commerçants auxquelles il faudrait s'affilier pour être admis à exercer une industrie. Encore moins y existe-t-il des Registres du Commerce.

La notion du commerçant se définit par l'opinion du peuple.

L'état du commerçant est respecté et les familles les plus considérées se livrent au trafic.

La conception de raison commerciale est inconnue dans les relations des indigènes entre eux.

Il n'existe aucune maison purement indigène faisant le commerce d'intermédiaire, mais le gros commerçant marocain, qui se rencontre seulement dans l'intérieur et tire ses marchandises d'Europe, soit directement, soit par des commissionnaires européens, annexe le plus souvent à ses affaires une boutique ouverte. En outre, il entretient fréquemment des relations d'association avec les propriétaires de boutiques de sa ville, et plus spécialement avec les petits marchands des bourgs et des siéges de gouverneurs des environs.

La forme juridique de ces participations peut être: une société tacite (*kirad*) ou une société (*chirka*). La fondation d'une société commerciale se fait le plus souvent par un acte notarié. Habituellement, ces associations sont contractées pour un temps indéterminé, et peuvent s'il existe un doute sur leur durée être dissoutes à tout moment, soit d'accord, soit par l'autorité. Dans ce dernier cas le Gouverneur nomme, sur la demande d'une partie, des négociants ou des notaires en qualité de liquidateurs. Les comptes définitifs se terminent en règle générale par un acte notarié.

Il arrive souvent que les héritiers d'une maison de commerce, notamment des frères, continuent les affaires sous la forme d'une société commerciale en nom collectif. Dans le personnel commercial, il n'existe pas d'employé offrant le caractère très étendu du procuriste allemand. L'institution de la *Prokura* ou toute autre analogue est tout-à-fait inconnue en droit marocain. Spécialement la forme signature «par ordre de N. N.» souvent confondue avec la *Prokura* est seulement admise pour les personnes qui ne savent pas écrire. Quiconque est capable d'écrire doit pour chaque affaire être pourvu d'un mandat formel.

En cas d'absence prolongée, et notamment d'un pèlerinage à la Mecque, le commerçant laisse ordinairement un pouvoir général.

La tenue de livres du marchand marocain est, en général, soignée, mais techniquement imparfaite. En règle ordinaire, il tient plusieurs livres. Dans ces derniers temps, l'usage s'est fortement acclimaté de livres de copies de lettres même dans l'intérieur du pays.

Là où les relations d'affaires primitives se sont le mieux conservées — notamment dans l'intérieur, diverses marchandises ne sont pas, sur de certains marchés, vendues librement de la main à la main, mais seulement par enchères publiques. Il en est notamment ainsi des esclaves, des chevaux et des babouches: il en est de même dans les marchés où se vendent les tissus indigènes et les marchandises apportées de plus loin par des caravanes.

Il y a sur ces marchés un grand nombre de courtiers (*dellal*), qui se tiennent sous la surveillance officielle du commissaire du marché et des méssiers (*mohtasseb*).

Dans les enchères tenues par eux, ce n'est pas la dernière, mais l'avant-dernière enchère qui compte.

Sur le marché des esclaves et des animaux, une vérification médicale de l'objet acheté suit l'enchère qui demeure jusque-là conditionnelle.

Analogues aux *dellal* sont les courtiers de change, qui ne sont pas subordonnés au commissaire de marché, et dont le nombre n'est pas fixe. Le cours du change qu'ils établissent correspond à la dernière enchère et non à la pénultième.

La règle fondamentale pour le jugement des affaires de commerce est que tout rapport synallagmatique repose sur la bonne foi, et c'est ainsi que cette norme des relations et la volonté raisonnable des parties appréciée en fait constituent le point de vue déterminant de toutes les décisions judiciaires.

Il suit de là qu'une forme particulière pour la conclusion d'affaires de commerce n'est requise que si elle est réclamée par les usages.

Pour le commerce international il est en particulier à noter que l'agent qui charge de la commande ou le commissionnaire libelle ses ordres en double, celui qui fait la commande signant un exemplaire, l'agent signant l'autre.

Dans le commerce des transports, le transporteur reçoit une lettre de voiture dans laquelle sont indiquées habituellement la date de la remise, le prix du transport, et éventuellement la provision qui a été avancée sur le port. Pour certaines marchandises s'évaporant facilement comme le pétrole et le sucre, le document mentionne aussi le poids.

Le transporteur ne répond que du transport en sécurité de la marchandise dans un délai correspondant aux circonstances de la température et de la politique. Il est notamment responsable de la conservation intelligente des marchandises pendant les haltes de la nuit.

Droit de change.

Le marchand étranger fait au Maroc un usage particulièrement considérable du change, sur lequel il n'y existe pas d'impôt. Des raisons purement économiques favorisent d'ailleurs l'expansion du commerce de change, notamment la faiblesse du capital de la plupart des marchands étrangers établis au Maroc et le développement insignifiant des banques qui voient d'un mauvais œil l'usage des chèques.

Le change qui a cours entre marchands de diverses nationalités dans l'intérieur du pays, se présente juridiquement comme un change entre différents États. Il est seulement remarquable que le protêt ait si peu d'importance et qu'il en soit fait un si rare usage.

Le droit marocain ne connaît rien d'analogue au droit de change. Il est vrai que les titres signés devant les *adoul* sont, sous un certain rapport, comparables au change, car, s'ils ont été établis régulièrement par deux *adoul*, il n'existe d'exception recevable contre eux que dans une mesure très restreinte. Mais cette institution de droit est soumise à des formes trop compliquées pour pouvoir suppléer au change.

Peu à peu, la notion européenne du change pénètre dans les milieux marocains, la circulation du papier devenant de plus en plus une nécessité pour le commerce. Mais les juridictions indigènes auxquelles sont soumises les questions de change, se montrent très peu disposées, dès que l'obligé est un marocain, à voir dans une lettre de change autre chose qu'un simple écrit faisant la preuve de la dette, et en font à peine un peu plus d'état que de la quittance.

Tandis que, dans les villes de la côte, les marchands indigènes se sont néanmoins habitués à l'usage du change, quoique certains détails, tels que par exemple, l'usage des endossements soit rarement compris d'eux, il se trouve encore dans l'intérieur, notamment à Fez des marchands importants qui se refusent à signer un effet, quel qu'il soit.

De la faillite.

Conformément au principe général, la faillite survenue au Maroc du marchand étranger et celle du Marocain vivant sous l'empire du droit étranger, sont régies par ce même droit.

Il n'existe pas en droit marocain de procédure propre de faillite. Les marchands étrangers ont obtenu par leur influence qu'on appliquerait une procédure analogue à la faillite au négociant marocain insolvable. Les règles de cette procédure sont cependant incertaines et très différentes suivant les localités.

Aussi bien dans l'intérieur que sur la côte, mais excepté à Tanger, il est d'usage que le négociant indigène endetté ou insolvable, échappe aux poursuites de ses créanciers et à l'imminence d'un emprisonnement pour dettes en se réfugiant dans un sanctuaire, lieu d'asile, où il sera à l'abri d'une arrestation. Pour les créanciers, cette fuite équivaut à une cessation avouée de paiements: ils y répondent le plus souvent en faisant barricader par ordre de justice le magasin de leur débiteur. Il arrive aussi très fréquemment, qu'avant de disparaître, celui-ci soustraie des biens, soit par dissimulation, soit par des cessions apparentes, à l'action de ses créanciers.

Ces derniers cherchent en général à engager le débiteur par l'intermédiaire de sa famille à abandonner son asile et à restituer son actif en lui promettant la remise partielle de leurs réclamations.

Ces négociations aboutissent presque toujours à un accord, par lequel il est promis aux créanciers un certain dividende, garanti par une sûreté quelconque, et il se présente fréquemment que des amis ou la famille garantissent l'exécution des promesses faites par le débiteur.

Pour l'établissement de la masse existante, un document des *adoul* sera le plus souvent dressé, par lequel un inventaire sera établi par deux *adoul* en présence des intéressés: les notaires en certifient par écrit l'exactitude, et il acquiert ainsi le maximum de force probante.

A Tanger, cette procédure s'est beaucoup développée sous l'influence européenne.

La cessation de paiements a cessé d'y revêtir la forme de la fuite dans un sanctuaire. Les créanciers se rendent le plus souvent devant le Gouverneur ou le représentant du Sultan, et établissent l'insolvabilité du débiteur. Le Gouverneur nomme ordinairement des experts pour examiner la situation financière du débiteur.

Si le défaut de ressources correspondantes est bien établi, un inventaire est dressé. En règle générale, il doit se faire par des notaires; toutefois il arrive que les créanciers pour s'épargner les frais assez élevés que l'autorité admet en taxe, prennent eux-mêmes la chose en main.

Un liquidateur, reconnu comme digne de confiance et choisi parmi les intéressés, liquide la masse et procède à la répartition.

La principale objection à élever contre cette procédure est le manque de ressources pour remplir rapidement les formalités judiciaires, rechercher les créanciers et faire rentrer l'actif. Aussi les faillites traînent-elles souvent en longueur.

Un autre danger de ce procédé officieux résulte de la possibilité d'avantages secrets et particuliers consentis par des accommodements spéciaux, soit par le failli ou sa famille, soit entre de certains créanciers.

L'organisation judiciaire du protectorat.

M. Jacques Ladreit de Lacharrière communique, au sujet de la nouvelle organisation judiciaire du Maroc, les renseignements suivants, au Journal *le Temps* (n° du 16 septembre 1913), qui veut bien nous autoriser à les reproduire. Nous prions le journal et son distingué rédacteur de trouver ici l'expréssion de notre gratitude pour l'accueil favorable qu'ils ont bien voulu faire à notre demande.

Simplicité de l'organisation et de la procédure.

Les jurisconsultes et les fonctionnaires qui ont fait partie de la commission d'étude, se sont inspirés des directions suivantes: simplicité, rapidité, économie. A la fois très attentifs aux tendances juridiques actuelles françaises et étrangères et aux nécessités spéciales des pays d'Afrique du nord, ils ont donné à leurs décisions la plus grande souplesse. Avec un éclectisme auquel les étrangers rendront hommage, ils ont puisé dans les législations différentes, dont le régime judiciaire marocain devait s'inspirer, les éléments d'une œuvre à la fois moderne et digne du renom juridique de notre pays.

Trois sortes de tribunaux ont été prévus. A Rabat, Casablanca, Oudjda, Safi, Fez, et ultérieurement dans d'autres centres, des tribunaux de paix, composés d'un juge de paix, d'un ou plusieurs suppléants rétribués, d'un ou plusieurs suppléants non rétribués et d'un officier de police judiciaire, connaîtront, en outre de la compétence qui leur est actuellement attribuée en France, des contraventions qui relèvent chez nous des tribunaux correctionnels ou administratifs, de tous les délits pour lesquels la loi ne prévoit qu'une peine d'amende, de tous ceux pour lesquels le maximum de la peine d'emprisonnement ne dépasse pas deux ans, sauf l'abus de confiance et la banqueroute simple. C'est la justice de paix à compétence étendue. Ces tribunaux pourront tenir des audiences foraines.

A Casablanca et à Oudjda, des tribunaux de première instance, composés d'un président, de trois et deux juges titulaires, dont un juge d'instruction, de deux et un juges suppléants, et d'un procureur commissaire du gouvernement, connaîtront en premier ressort de tous les délits et contraventions dont la compétence n'est pas attribuée aux juges de paix, et statueront en dernier ressort sur les crimes avec l'adjonction d'assesseurs ayant voix délibérative.

Enfin, à Rabat, une cour d'appel est instituée et composée d'un premier président, de trois conseillers, d'un procureur général et d'un substitut. La cour siégera à trois membres conformément au projet soumis à diverses reprises au Parlement français, pour nos cours d'appel, par M. Cruppi.

Pour hâter la solution des affaires et ne point exposer aux dangers du maquis de la procédure les justiciables habitués à l'action moins formaliste des juridictions consulaires, on a réduit notre système un peu archaïque et compliqué. A l'exemple des pays étrangers qui ont supprimé pour les auxiliaires de la justice la vénalité des charges, on a remplacé le groupe imposant et dispendieux des avoués, huissiers, greffiers, notaires, curateurs aux successions vacantes, syndics de faillite, liquidateurs, commissaires-priseurs, administrateurs judiciaires, arbitres, agréés, par les dispositions d'une procédure simple, peu coûteuse, dont les caractères essentiels sont la suppression de tout système de postulation, de tout intermédiaire nécessaire entre le justiciable et le juge, la direction de la procédure étant confiée au juge. Enfin, sauf devant les tribunaux de paix, le procédure est écrite; elle est aussi peu formaliste que possible. Au lieu de textes impératifs innombrables, quantité de dispositions en quelque sorte alternatives laissent au juge le choix entre divers procédés. L'initiative et la responsabilité du magistrat sont ainsi constamment mises en jeu.

Les différents actes (notification, exécution, sommation, constatation, etc.(sont accomplis sur l'ordre ou avec la permission du juge par des secrétaires-greffiers et les agents des secrétariats des nouveaux tribunaux, au sujet desquels toute garantie a été donnée aux justiciables.

On a pris d'autre part des dispositions ouvrant, sous certaines conditions, mais très largement, aux étrangers l'accès des barreaux dont les bâtonniers doivent toujours être Français. Enfin, les experts et interprètes, non plus désignés par les parties, mais choisis par le juge sur leur proposition, reprennent leur véritable rôle qui est d'être les auxiliaires de la justice et non les mandataires des parties.

Sans revenir sur les principes juridiques exposés déjà ici et dont s'est inspirée la commission, on voit qu'elle a, dans l'organisation des tribunaux, réduit au minimum les causes de perte de temps et de dépenses, puisque, prenant pour base le tarif simplifié des chancelleries, elle a remplacé les droits fixes par des droits écholonnés qui dégrèvent les petites procédures.

Les garanties accordées aux étrangers et la suppression des capitulations.

L'importance de cette œuvre n'est pas seulement juridique; elle apporte au développement du protectorat français des éléments précieux et indispensables.

Rappelons pour mémoire que toutes les précautions ont été prises afin que les musulmans ne trouvent dans les dispositions adoptées rien qui puisse froisser leurs convictions religieuses ou leurs habitudes. Les textes ont été soumis à l'examen de jurisconsultes musulmans. D'ailleurs, pour nombre de points, notamment pour les obligations et contrats, les premiers jurisconsultes musulmans ont, comme les nôtres, emprunté au droit romain du bas Empire, certains éléments de leur propre droit en formation, par un ingénieux et adroit travail de jurisprudence.

Certes, les juridictions ont un caractère français aussi bien marocain, conséquence même des accords franco-allemand et franco-espagnol, qui prévoient la collaboration des souverainetés française et marocaine et qui nécessitaient l'intervention directe du gouvernement français et la promulgation du dahir chérifien par décret du président de la République. Mais la large part faite par ailleurs aux perfectionnements réalisés par les législations étrangères, la souplesse donnée au mécanisme, le souci prédominant «de la porte ouverte que la République française est résolue de pratiquer loyalement» au Maroc, donnent aux étrangers les plus formelles garanties.

Le développement de tous les intérêts commerciaux, industriels, agricoles au Maroc, aussi bien des Français que des étrangers, nécessitait depuis longtemps la création de juridictions facilement accessibles, qui permettent de régler rapidement, et aux moindres frais, les contestations, entre particuliers. Le régime des capitulations, si lourd pour les initiatives du protectorat et qui les entrave par le jeu seul de ses stipulations, sans qu'il soit même besoin de visées hostiles de la part des différentes nations, devait exister jusqu'au jour où une organisation judiciaire assurerait à tous les garanties les plus absolues d'équité et d'égalité. Les traités nous ont formellement chargés de ce soin.

Jusqu'ici, l'absence pratique de toute sanction rend vaine toute réglementation administrative édictée par nos agents, et partant inefficace tout notre effort de ré-organisation. La France, dont le projet actuel marque si nettement la volonté libérale, est donc en droit d'espérer que les différentes nations renonceront, comme elles l'ont promis, à des priviléges maintenant sans objet, et dont le maintien impliquerait une suspicion injurieuse pour nos magistrats.   *J. Ladreit de Lacharrière.*